내 마음과
연애하라

내 마음과 연애하라

송 희

인간과문학사

사랑이여

송 희

사랑이여
밤 부스럼을 쪼아 아침을 여는 새소리라던가
머리칼을 쓰다듬는 해의 손길이라던가
개펄의 애기살들이 발가락 틈을 비집고 들어와 종일 깍지 껴주던
사랑이여
이런 부드러움을 알게 해주어 고맙습니다

마음이 복숭아 껍질처럼 꺼억꺼억한 날엔
이 부드러움에 대고 몇 날씩 문지르곤 합니다
오래된 슬픔과 가만가만 뒹굴어 보고
한밤중 달을 찾아 구름 사이사이 뒤지다 보면
매미울음 덮고 선잠 든 어둠이 얼마나 지독하게 빛나던지요

이 모두 사랑을 만지는 일입니다

두근거림의 새로운 뜰이여
두근거림의 환한 빛이여
결코 서러울 것 없는 삶의 매 순간들이여

사랑을 따라 어둠이 내려도 괜찮았습니다
사랑을 따라 천둥이 쳐도 괜찮았습니다
어둠 한 줌도
천둥 한 마당도
모두 사랑의 다른 얼굴이었습니다

그리고도 사랑이여
만리 밖으로 휘돌 때에도 여전히
꺼지지 않는 불씨를 심어주어 참 고맙습니다
사랑이여!

들어가며

가족치유명상집 '사랑한다 아가야!'를 낸 후 9년이 흘렀습니다. 사람들은 왜 이 몸이 나이고, 왜 불공평하게 태어나는지 궁금해 합니다. 우리는 누구나 아이로 태어납니다. 나는 나를 언제부터 알고 있었던 것일까요? 태어날 때 사흘 반을 나오지 않고 몸부림친 그 이전부터 이 생에 겪을 내 삶을 짐작하고 있었을까요?

내 안의 소리를 귀담아 들은 지 반 생이 됐을 무렵, 이게 바로 사는 것이구나! 처음으로 삶이 신선하고 자유롭고 즐거움이 솟았습니다. 눈을 뜨는 아침마다 하루에 대한 기대로 설렜습니다.

나는 무엇을 이루었다고 내놓을 것이 없습니다. 내가 한 거라고는 내 과거의 기억들에서 오는 즉각적인 반응들을 눈치 채고, 하나 둘 사라지게 도운 것입니다. 어느 날부터인가 몸이 즐거워서 어쩔 줄 모르는 상태가 되었고, 내가 빛나고 있었고, 자신에게 경배하고 있었습니다.

내가 기쁨의 상태로 살다보니, 내 몸에 찾아오는 일들이

기쁜 일들로 채워지는 것입니다. 어떻게 사는 것이 나로 사는 것인지를 찾게 된 것 같습니다. 이리 갈까 저리 갈까 막무가내 사는 것과는 큰 차이가 있습니다. 확신이 없는 길을 여러 번 바꾸어 가다보면 절망하게 되고 삶이 시들해집니다.

여러분도 사는 것이 신났으면 좋겠습니다. 당신이 즐거운 그릇이 되면 즐거운 일들이 당신에게 저절로 다가옵니다.

이 책의 내용들은 영적 성장의 동기가 된 Avatar프로그램과 휴렌 박사의 Hooponopono기법 그리고 크리슈나ji, 프리타ji의 가르침에서 인용하였습니다. 제 개인의 체험이 곳곳에 녹아 있어 이 글을 읽는 사람과 공감이 되기를 소망합니다.

저를 스쳐가며 일깨워 준 많은 인연과 영적 스승들께 두 손 모읍니다.

2023. 12.

첫눈이 쏟아지는 창가에서, 송 희

차례

1
chapter

나와 내 이름 사이

산다는 것은 무엇인가 19	
	21 나에게만 왜 이런 일이 생길까
나는 왜 이런 사람일까 22	
	24 나 혼자 살기도 버겁다
사는 게 힘들다고 느낄 때 26	
	28 나는 INFP여서 우울한가
부모는 부모시대에 살게 된 분 30	
	33 살아가기
삶은 즐거운 상태와 고통스러운 상태 34	
	36 두려움은 나쁜 게 아니야

chapter 2

내 마음에 드는
나로 바꿀 수 있다

중독 41	
	44 사랑은 왜 변할까
인간은 왜 고통스러울까 46	
	48 우리는 고통을 키우는 기술자
내가 하고 있는 일이 내 일이 맞을까 49	
	50 아버지와 관계가 좋을수록 부를 이룬다
부를 끌어오는 힘 52	
	55 만트라 (습관적으로 나오는 말이나 감정)
상처가 있는 상태로 사는 것 56	
	57 상처에 밥을 주지 말자

chapter 3

나는 무엇일까

나는 누구일까 61	
	62 나는 하고 싶은 것이 아무 것도 없다
나는 운이 없는 사람이다 64	
	66 의식 수준이란
내가 나에 대해 잘 알까 68	
	70 나는 언제나 행복할까
내 마음을 피하지 마라 72	
	74 나의 절친
내가 사는 방식대로 미래가 주어진다 76	
	77 고요한 나 & 화내는 나
형제도, 쌍둥이도 삶이 다르다 79	

chapter 4

나에게 가장 상처주는 사람은 나다

내가 나의 적이다 83	
	84 나는 과거이다
과거가 내 삶의 나침판인가 86	
	87 나만의 신이 필요하다
'삶은 누구나 괴로워'라고 말하는 사람 89	
	90 멈춤
의식과 무의식 91	
	94 내려놓는 기술
절대 용서 할 수가 없다 96	
	97 변덕스러운 용서
성공 98	
	100 삶이 기적이다

5 chapter

세상은 왜 이럴까

세상은 왜 이런가 105
106 셀프이미지
연결성 108
110 평화로운 상태
성취 112
114 타이밍
잠 115
116 알아차림의 습관
흐름 118
120 깨달음은 인간 최상의 성취
지성의 오류 122
123 항상 아픈 사람

6
chapter

사랑을 알까

가슴이 피어나면 127
128 수용
집단지성 130
132 무감각
이해하다 133
134 지구 어머니
사랑 136
137 본성으로 살기
반려 동물에 관하여 138
139 **탄생**

7 chapter

실천법

건강하기를 원한다면 142

144 이완 호흡

고요한 마인드 명상 146

148 우울에서 벗어나는 연습, 치료

감사노트 149

150 자비심 연습

좌절을 쉽게 극복하기 152

153 HA호흡법

몸과 나를 분리하기 154

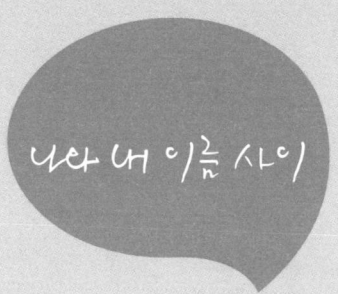

chapter 1

나에게 가장 상처를 주는 사람은 나다

산다는 것은 무엇인가

 내게 주어진 이 몸으로 사는 것을 말합니다. 태어났더니 '나'라고 합니다. 이 몸은 내가 만든 것이 아니므로 내 안에 어떤 정보가 들어 있는지 모릅니다. 나를 알아가는 과정이 삶입니다. 우리는 주로 나를 관찰하지 않고, 다른 사람이 나에게 어떻게 하나 살피는 것으로 삶을 낭비하는 경우가 많습니다.

 내게 어떤 성향이 있는지 무엇을 경험하는지는 다른 사람과의 관계에서 드러납니다. 어떤 상황에서 어떤 감정이 드러나는지, 패턴을 알게 되면 그럴 때마다 내게 이런 감정이 있구나! 자각하는 것이 나를 사는 일입니다. 산다는 건 나를 탐험하는 과정이며, 모든 측면에서 성장하는 것이 목적입니다. 자각하는 정도만큼 성장합니다.

내 마음과
연애하라

나에게만 왜
이런 일이 생길까

우리는 한번쯤 나에게만 왜 이런 일이 생길까 자문할 때가 있습니다. 지구는 80억 인구입니다. 한 사람 한 사람이 독특하지요. 우리 각자의 생각이 다르니 우린 특별한 한 사람입니다. 각자의 경험에서도 나 혼자만 겪는 일이 많이 있게 됩니다. 수십 종류 색깔의 물감을 생각해 보세요. 각각 제 색을 내려고 분류되어 있는 것처럼 사람들 각자는 자신만의 고유한 경험을 하고 자신만의 고유한 빛을 내려고 다르게 구조화 된 것입니다. 나와 똑 같은 사람이 두 명이라면 얼마나 혼란스럽겠어요? 지구에는 각각 특별한 경험을 하러 온 존재들이 각자 다른 경험을 하며 삽니다.

누구나 나에게만 왜 이런 일이 생길까 하며 삽니다.
나만 겪는 일이 있는 것이 당연한 것입니다.

나는 왜
이런 사람일까

 나를 살펴보면 뭐하고 있나 알 수 있습니다. 늘 아픈 사람, 말 할 자리만 있으면 불평을 하게 되는 사람, 가져도 가져도 욕심이 차지 않는 사람, 남을 깎아내려야만 내가 올라간다고 믿는 사람, 그런 나를 보십시오. 지금의 그런 나는 어릴 적 결핍, 모욕, 손실, 거절 등에서 생긴 그 상태로부터, 현재까지 그 패턴이 계속됩니다.

 그러나 태어나기 이전의 기억과 아이 때 기억이 끊겼기 때문에 내 안에 어떤 정보가 들어 있는지 모릅니다. 어머니에게 잉태됐을 때, 그 이전에, 혹은 각자의 환경에서 내가 만들어집니다. 우리 몸은 생물학적인 몸과 음식으로 만들어진 몸, 에너지체의 몸, 생각의 몸, 지혜의 몸, 환희의 몸, 카르마의 몸 등 여러 가지 복합적인 몸입니다. 국가, 조상, 환경에서 겪은 일들, 그 모든 정보가 통합된 의식입니다.

각자 '나'라는 개체가 번영하고 더 높은 의식으로 진화하려는 의도에서 자신이 성장할 조건이 갖춰진 곳에 태어납니다. 생각해 보세요. 혹시 신이 '너는 상류층에 태어나고, 너는 복잡한 환경에 태어나라' 그랬을까요? 글쎄요, 내가 오는 곳은 내가 결정하지 않을까요?

나 혼자 살기도 버겁다

 누구나 태어나서 처음 만나게 되는 사람이 어머니와 아버지입니다. 여성성은 어머니를 통해 배우고, 남성성은 아버지의 행동 습관을 통해 익히게 됩니다. 사실 어떤 환경인가는 별 관계없이 부모가 행복한 결혼생활을 보여줬다면 자녀들은 삶에 대해, 결혼에 대해 꿈을 갖게 됩니다. 부모가 늘 전쟁을 보여줬다면 자녀들은 삶에 부정적일 것입니다.

 내가 어릴 때부터 본 것은 단지 내 부모의 사례였을 뿐임을 알아야 합니다.
 그것은 부모의 삶입니다.

당신만이라도 자녀에게 상처를 주지 않는 멋진 부모가 돼 보세요. 상처가 없는 행복한 아이로 키우면 삶이 순조롭게 풀립니다.

꼭 뭔가를 해줘야하는 것이 아닙니다.
온전한 사랑 속에 큰 아이는 삶의 여러 측면에서 만족스러움, 성공을 끌어당기게 됩니다. 돈으로 성공을 사지 않아도 됩니다.

사는 게 힘들다고 느낄 때

우리는 엄마 뱃속에서부터 부모의 모든 것을 받게 됩니다. 핏덩이가 뭘 알겠어? 이것은 착각입니다. 엄마가 섭취한 음식물, 엄마의 건강상태, 부모의 대화 특히 엄마의 감정과 생각들은 그대로 전달되어 한 생명을 구성합니다. 생각의 DNA라 할 수 있습니다. 당신을 잉태했을 때 엄마의 상태가 아주 중요합니다. 세상 구경을 하기 전부터 살아보지도 않고 엄마의 상태가 그대로 내게 복제되어 살게 됩니다.

부모들은 태교가 중요하다는 것은 잘 알고 있지만, 자신의 생각이 아이에게 그대로 이입된다는 것을 알지 못했습니다. 내가 잉태되었을 때 부모가 힘든 상황이었다면 실제로 삶이 힘들기도 하고, 언제나 힘들다고 중얼거리는 나를 발견하게 됩니다.

'이 감정은 내 것이 아니다.
부모의 것이다' 라고 흘려보내세요.

나는 INFP여서 우울한가

주변의 사람들이 우울증에 많이 시달립니다. 스트레스가 많아 우울할 수도 있고, '난 겨울에는 좀 우울해' 할 수도 있습니다. 기쁨이 끊어진 상태입니다. 슬픔이나 놀라움처럼 많은 감정 중 하나입니다. '난 우울증인가 봐'하며 크게 키우지는 마세요. 우울함을 잘 바라보세요. 어느 때 심하고 어느 때는 쉽게 지나가는지...어쩌면 엄마가 날 잉태했을 때 우울한 상태여서 그 느낌을 그대로 받은 것일 수도 있습니다.

살면서 당신은 좋은 일이 있을 때는 기쁘고, 일이 안 풀릴 때 우울했나요?

삶은 매번 도전입니다.

실패할 수도 있고, 다시 일어날 수도 있습니다. 그 과정에서 배움이 일어납니다. 항상 성공하리라고 믿어도 좋습니다. 실패했어도 연습했다고 믿을 수도 있습니다. 크게 배워서 성장했다고 믿을 수도 있습니다. 모든 결정은 당신이 합니다.

부모는
부모시대에 살게 된 분

  우리가 이해해야 할 것은 부모도 그 시대에 자녀교육에 대해, 보고 듣고 배운 게 별로 없어서 방법을 모른다는 것입니다. 배운 만큼만 해줄 수 있는 것입니다. 그들은 그들 부모로부터 받은 그대로밖에 줄 수 없는 것입니다. 돈으로 해결하는 집이었다면 돈으로, 회초리가 약이라는 생각으로 교육받은 사람은 회초리를 사용할 것입니다. 사랑받은 적도 없고 행복이 뭔지도 모르는 시대에 산 사람들도 많습니다. 우리보다 더 불운한 시기를 겪었던 분들입니다. 아마 그분들이 사랑을 받고 자랐다면 사랑을 주었을 것입니다.

중요한 것은 그들은 아무 조건 없이 당신을 받아들여 이 세상에 태어나게 도와줬다는 것입니다. 부모는 부모시대에서, 우리는 우리 시대에서 자식에게 사랑을 내려주고 있습니다. 부모와 자식의 관계에서 조건 없는 사랑을 배우는 것입니다. 자식을 헌신적으로 돌보는 과정은 위대한 여정입니다.

살아가기

나 혼자서는 살 수 없습니다. 주변이 없다면 나는 어떻게 살 수 있을까요? 삶은 관계입니다. 관계를 맺으며 경험하고 성장하며 사는 것이 삶입니다. 나 혼자서 농사를 짓고, 옷을 만들고, 집을 지으며 살 수 있을까요? 서로 돕고 나누지 않으면 퇴보하게 됩니다.

다른 사람, 다른 생명체와 교류하지 않고 나 혼자 숨을 쉬고 있는 것이 사는 것일까요? 산다는 것은 함께 어우러지는 일입니다. 관계가 좋은 사람은 삶이 잘 풀어집니다. 인간관계에 어려움을 겪고 있다면 '언제 무슨 일이 있었는지 모르지만 이 몸은 관계에 어려움이 있구나' 알아차리는 것을 자주 하세요.

삶은 즐거운 상태와
고통스러운 상태

 삶은 의외로 단순합니다. 즐거운 상태로 살거나 고통스러운 상태로 사는 것, 두 가지 밖에 없습니다. 고통은 마음의 작용 때문에 일어납니다. 과거에 묶어둔 기억이거나 미래에 대한 염려를 붙잡고 산다면 고통스러운 상태입니다. 늘 불편합니다. 생각의 사슬을 끊어야만 벗어나게 됩니다. 과거나 미래로부터 자유로워져 즐겁게 살겠다는 결정을 자신이 하면 됩니다.

 매 순간 즐거운 상태로 산다면 삶이 만족스럽습니다. 일이 쉽게 성취됩니다. 고통이 없다는 것이 아니라, 고통이 있음을 알아차리면 그 감정을 자각하고 흘려보내는 것입니다. 경험해주는 것입니다. 즐거운 상태에서는 삶이 잘 풀리고 애씀이 줄어듭니다. 매 순간을 즐길 수 있게 됩니다. 그런 상태로 살고 싶지 않은가요?

무엇을 품고 있는가

영국의 유명한 과학자 뉴턴의 얘기를 해 볼까요? 유럽에 큰 질병이 돌자 뉴턴은 학교를 쉬게 되었죠. 늘 중력에 대한 질문을 품고 있었던 뉴턴은 1년 동안 쉬면서 사과나무를 보다가 중력의 힘을 발견하게 됩니다. 어떤 문제에 뇌가 집중력을 모으고 있을 때 그 문제를 해결할 지성이 열리게 됩니다. 나와 타인을 위한 지성이라면 더 크게 열립니다.

당신은 무엇을 품고 있나요?
씨앗을 품고 있지 않으면 아무 것도 피어나지 않습니다.

― Ekam 수업 과정 중에서

두려움은 나쁜 게 아니야

두려움도 하나의 감정입니다. 옛날에는 생존본능 때문에 두려웠다면 지금은 다른 종류의 두려움입니다.

최고가 되지 못할까 봐,
하찮은 사람이 될까 봐,
성공하지 못할까 봐,
돈이 없게 될까 봐,
병에 걸릴까 봐 등등 입니다.

내가 왜 이런 걱정을 하지?

생각을 일으키지 않고, 내게 이런 두려움이 있구나 인지하면 점점 줄어듭니다. 슬픔이나 화처럼 내 안에는 많은 감정들이 있습니다. 그냥 감정입니다. 나쁜 감정이 아니고 누구에게나 있는 감정입니다. 많은 감정의 종류 중 하나일 뿐입니다.

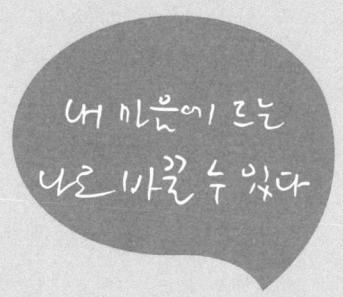

chapter 2

상처에 밥을 주지 말자

중독

당신은 혹시 술, 게임, 쾌락, 음식, 투쟁 등에 점령당한 것이 있나요? 우리는 그것이 나를 공격했다고 말합니다. 내가 그것에게 제압당해서 어떻게 해 볼 수 없는 것을 뜻합니다. 설사 고귀함을 추구하는 중독이라도 어리석습니다. 그것만이 최상이라고 믿습니다. 어리석음은 창조적인 것을 생각해내지 못합니다. 뇌가 둔해집니다. 무엇에 중독이 되면 그것의 노예가 되는 것입니다. 즐길 수 없게 됩니다. 중독에서 벗어나면 자유를 얻게 되고 자기존중을 하게 됩니다.

인간이라는 위대한 존재인 내가 어떤 하나의 감정에 지배당하고 있다고 생각해 보세요. 이제 벗어나겠다고 결정하십시오. 당신은 강합니다.

우리가 한 달 정도 자신을 관찰하면 몇 달 전과 똑 같이 살고 있음을 알게 됩니다. 몇 년을 관찰해도 여전히 비슷하게 살고 있음을 알게 됩니다. 중독에서 벗어나지 않으면 현재의 나로 살지 못합니다. 과거 총체적 마인드의 정보로 나를 돌리기 때문입니다.

중독을 가짐으로 인해
피하고 싶은 핑계거리를 만들고 있지는 않나요?

계속 이렇게 사는 것이 당신이 원하는 삶인가요?

사랑은 왜 변할까

 남녀 간의 관계에서 처음엔 서로 사랑에 빠졌다고 합니다. 얼마 지나고 나면 대부분 상대가 변했다고 말합니다. 사랑이 변했다고 여기는 것은 잘못된 인식입니다. 처음 사랑하는 감정이 경험되면, 다음 경험하게 될 감정이 드러납니다.

 상대가 문제라고 여기지만, 남녀 관계에서는 상대를 통해 나를 발견하는 법을 배웁니다. 서로 자신이 싫어하는 측면들을 보여줍니다. 상대는 내 거울이거든요. 그 감정들을 있는 그대로 경험하는 과정이 지나가면, 한층 더 깊은 사랑이 피어납니다.

관계에서 아주 사소한 다툼이 일어나면 상처를 받고, 건드려진 상처를 어떻게 다루어야 할지 몰라서 그대로 둡니다. 관계가 깨질까 봐 덮어두며 점점 상황을 키웁니다.

다투지 않으려고 참게 되고,
피하게 되고 마음속에 쌓인 감정이 누적됩니다.
바로 표현하고 오해를 쌓아두지 마세요.

인간은
왜 고통스러울까

 일단 고통이 뭔지 알아야 합니다. 견딜 수 없는 커다란 문제만이 고통이 아닙니다. 어떻게든 이겨내고 참을 수 있는 것은 고통이라고 생각하지 않습니다. 정도의 차이가 있을 뿐 마음이 평화롭지 않은 것은 모두 고통입니다. 고통은 자기 자신의 방식대로 일이 일어나지 않을 때 드러납니다.

 자기 방식은 어릴 때 주입된 생각들을 의미합니다. 두 가지로 나누는 방식이었지요. 좋은 것과 나쁜 것, 옳은 것과 그른 것, 아름다운 것과 추한 것 등, 두 가지 사이에서 내 생각과 다른 것은 잘못된 것이라고 판단하게 되었습니다. 내가 어떤 관점이나 입장을 고수하지 않는다면 고통은 일어나지 않습니다.

삶은 그저 흘러갈 때 아름답습니다.

삶이 '나'라는 호수에 머물지 않게 흘러가게 하세요.

호수에 고통을 담아둔다면 모든 공간을 고통에게 빼앗깁니다. 넓은 곳으로 흩어지도록 풀어놓으세요.

우리는
고통을 키우는 기술자

 고통이 싫다면서 우리는 자주 아픈 상처를 꺼내어 되새김합니다. 기억하지 않으려 해도 저절로 떠오를 수는 있습니다. 사실 고통이란 하나의 어떤 상황인데 거기에 이런 저런 생각을 키우는 것은 누구일까요? 이 생각 저 생각을 끌어 모아서 분노도 커집니다. 우린 기술자입니다.

 고통스러운 상태로 사는 것을 바꾸지 않는 사람도 있습니다. 뭔가 다른 일에 도전하기 싫을 때 그 상황을 더 지킵니다. 고통스러운 상태에 있어야 내가 피해자가 될 수 있고, 다른 사람을 탓할 수 있습니다. 내가 상처받은 존재라고 증거를 댈 수도 있습니다. 상처 준 사람을 용서하는 게 싫기도 합니다. 이럴 때 내가 나를 해치고 있다는 것을 알아차려야 합니다.

내가 하고 있는 일이
내 일이 맞을까

우리는 나에게 더 맞는 일이 있지 않을까 기웃거리게 됩니다. 언제 내 안에 있었는지 알지 못하는 의심하는 마음, 불안한 감정들이 올라옵니다. 그럴 때는 하고 있는 일이 어려움에 부딪혀 올라오는 불안감인지, 다른 사람과의 비교에서 오는 감정인지 자신을 잘 살펴봅니다.

고요한 상태에서는 직감력이 뛰어나게 됩니다. 모든 결정에 망설임이 줄고 확신이 커집니다. 하고 있는 일을 즐길 수 있게 됩니다. 그 순간 하는 일에 몰입합니다. 성공할까 실패할까, 이런 일을 당하면 어떻게 하나, 염려하기보다 현재의 상황에서 배움이 일어납니다.

아버지와 관계가 좋을수록
부를 이룬다

 일반적으로 남성성은 힘, 부, 권력을 상징하고, 여성성은 건강, 생명력 등과 관련이 있습니다. 남성을 대할 때 남성이 친근하지 않고 어렵다는 느낌이 든다면, 아버지와의 관계에서 걸림이 있음을 알아차려야 합니다. 힘, 부, 권력이 쉽게 얻어지지 않습니다. 지금 관계가 괜찮은데…하는 차원이 아닙니다. 어른이 되어보니 이해가 돼…하는 차원도 아닙니다.

 태어나서 맨 처음 접하게 되는 남성은 아버지 혹은 할아버지 혹은 나를 키워준 그 누구입니다. 그곳이 내 남성성과의 관계 시초입니다. 남성성을 아예 접하지 않는 경우도 있겠지요.

시간을 두고 천천히 지금부터 점점 어린 시절로 돌아가서 서운했거나, 상처 받았던 일을 떠올려 봅니다. 혹은 그런 기억은 없는데, 어떤 느낌이나 감정이 떠오를 수도 있습니다. 그 느낌, 상처로 인해 그와 성향이 비슷한 사람을 만나거나, 그와 비슷한 상황이 생기면 상처 받았던 그 자리로 돌아갑니다. 아이 때 받은 상처는 몸속에 깃들어 두고두고 영향을 받습니다. 그때 그 일 때문에 성인이 되어서도 '이런 감정이 반복되는구나' 인정하고 흘려보냅니다.

부를 끌어오는 힘

부는 중요합니다. 부를 원하는 것은 욕심 때문이라는 관점은 그냥 또 하나의 관점일 뿐입니다. 경 읽는 소리로 존경받던 시대는 그 시대의 일입니다.

변하지 않는 진리가 있을까요?

지금은 부가 중요한 시대입니다. 부를 통해 힘을 얻고 부를 사용하여 세상을 돕습니다. 다만 왜 부를 이루려고 하는가는 숙고해야 할 가치가 있습니다.

개인의 이익이나 '누구보다는 꼭 부자가 되어야지'하는 비교에 있지 않고, 주변과 세상에 도움이 되는 일일 때 부가 더 연결됩니다. 큰 부를 얻게 되면 주변에 어떤 도움을 주게 될 지 비전이 확실할 때, 부의식이 크게 열리며 번영합니다.

만트라
(습관적으로 나오는 말이나 감정)

자신에게서 늘 올라오는 주문이 있을 텐데요. 내 성장을 가로막는 주된 생각이나 감정은 무엇입니까? 버럭! 치솟는 감정일수도 있고, 가끔 우울할 수도 있습니다. '아 짜증나' '힘들어 죽겠어' '어려워' 등. 이런 반복되는 감정들은 늘 나에게 있는 말입니다. 그 감정은 주문이 되어 그런 상태와 그런 상황을 끌어당깁니다.

화를 끌어당기고, 짜증을 끌어옵니다.
내가 말하는 대로 불러들입니다.
부정적인 중얼거림을 멈추세요.
마음속으로 중얼거리는 것도 마찬가지입니다.
한 문제에 대해 어떤 사람은 안 되는 이유부터 떠올리고, 어떤 사람은 희망적인 부분을 먼저 보는 것과의 차이입니다.

상처가 있는 상태로 사는 것

당신이 상처를 안고 살아간다는 것은 당신이 화나 슬픔, 짜증을 지닌 상태로 말하고 행동함을 뜻합니다. 그 상태는 기회만 있으면 타인에게 그 화를, 슬픔을, 짜증을 돌려주는 준비를 하고 있는 것과 같습니다. 상처를 지니고 있으면 그 상태로 타인을 대하기 때문에 되돌려주기를 원하는 상처의 속성에 불이 붙습니다. 그러니 다른 사람에게 상처를 주게 되어 있죠. 잊혀지지 않는 상처가 있다면 '내게 분노나 아픔이 있구나'라고 알아차립니다. 참는 것과는 다릅니다. 매번 알아차림이 반복되면 어느새 분노와 복수심이 빠져나가고 평화로운 상태에 이릅니다.

만약 당신이 상처로 인한 분노를 내보낼 의향이 없고, 복수심에 사로잡혀 있다면 '내가 복수심을 놓지 않는 몸이구나'를 인정함으로써 자신의 성장을 도우세요. 상처만 붙잡고 있다면 다른 아무 것도 보이지 않습니다.

상처에
밥을 주지 말자

지나간 상처를 떠올려 자꾸 밥을 주는 것은 자신의 삶을 후퇴시킵니다.

상처를 준 사람은 상대방이 상처를 받았을 것이라고 생각하지 못합니다. 상처를 받고 안 받고는 내가 결정하는 것입니다. 사람들은 각기 다른 이유로 상처를 받습니다. 각자의 다른 관점이 개입되기 때문입니다.

나에게는 심각한 일이 다른 사람에게는 '그만한 일로 왜 그럴까?'라며 반응하는 부분이 다릅니다. 다른 사람에게 상처 받았다면서, 내가 나에게 또 상처를 줍니다. 내가 계속 투덜대고 있는 동안 몸에 병을 만듭니다.

나는 무엇일까

chapter 3

내 삶의 결정권자는 나입니다

나는 누구일까

지금 내가 가지고 있는 생각은 현실 그대로 경험됩니다. 현재 가진 생각들은 어릴 때 부모가 살았던 환경의 영향입니다. 보고 들은 것들이 나와 맞을 때 내 생각으로 규정됩니다. 믿는 정도에 따라 그대로 자기 자신의 현실로 경험됩니다. '삶은 고단해'라고 믿고 있다면 그렇게 될 것입니다. '성공하기는 힘들어'라고 믿고 있다면 그렇게 될 것입니다. 이런 생각들은 각자가 처한 환경에서 결정되기 쉽습니다. 하나하나의 생각들이 자주 알아차려지고 경험되어 사라졌을 때 남는, 텅 빈 바탕이 진짜 나입니다.

그래서 내 생각을 바꿔보기로 결정하면 외부세상이 달라지거나, 내가 다시 결정한 그대로 경험할 수 있게 됩니다. 내 삶의 결정권자는 나입니다.

나는 하고 싶은 것이 아무 것도 없다

 사람들은 무력감에 대해 마치 큰 일이 난 것처럼 심난해 할 수 있습니다. 우리 몸은 오묘해서 엄마 뱃속에 있을 때 엄마가 너무 힘들어 무기력한 상태였다면, 그때의 영향을 받을 수가 있습니다. 내가 엄마의 상태를 내 것처럼 물려받아 살고 있다는 것을 인식하고 툭툭 털어낸다면 달라집니다.

 어떤 대단한 일을 하라는 말이 아닙니다. 자기 자신에게 관심을 가지며, 자기 자신과 놀고, 자기 자신이 무얼 원하는지 탐색하면 됩니다.
 '아무 것도 하고 싶은 것이 없어'에 푹 잠기지 않고,
 내가 그런 상태구나,
 지금 이런 몸이구나,
 인식하는 것이 시작입니다.

어릴적 가진 정보에 대해, 성숙해진 지금의 내가 안아주고 보살피는 것을 시작하세요. '어릴 적 그런 걸 갖게 됐구나! 내가 벗어나게 도와줄게'라고 자신을 다독여 주세요. 이렇게 하다보면 어느 날 아주 사랑스럽고 내 맘에 드는 나를 만나게 됩니다.

나는 운이 없는 사람이다

 언제부터 운이 없다고 규정했을까 떠올려 보면 찾아낼 수 있습니다. 지금 생각으로는 아주 작은 사건입니다. 그때 아이에게는 큰 절망이나 수치심을 줄 수 있지요. 그 일이 각인이 되어 '나는 운이 없는 사람이다'라고 결정해버립니다. 다음의 경우에도 지난번에 나만 운이 없었다는 기억 탓에 '이번에도 운이 없을 것이다'라는 이미지가 만들어집니다. 그러면 그 생각은 더욱 확실해집니다. 내 삶은 내가 결정한 그 생각대로 흘러가는 것이므로 늘 운이 없는 상황을 경험하게 됩니다.

 그 생각이 올라올 때마다 '그건 옛날 일이야, 이제부터 나는 운이 따르는 사람이다'라고 결정하면, 서서히 운이 바뀌는 경험을 하게 됩니다.

당신은 믿는 대로 경험한다.
믿는 대로 경험하지 않는다고 믿는다면
믿는 대로 경험하지 않는다.
하지만 이것은 곧 당신이 믿은 대로 경험한 것이다.

― Avatar 다시 떠오르기 중에서

의식 수준이란

　의식은 높은 의식과 낮은 의식이 있습니다. 높은 의식은 나 개인의 이익과 성장에 머무르지 않고 타인을 염려하고 함께 성장하려는 의식입니다. 나의 안위와 다른 사람의 안위를 함께 돌보는 의식입니다. 낮은 의식은 '나'라는 ego차원을 벗어나지 못하는 의식입니다. 내가 옳고, 다른 사람을 인정하지 않고 나만의 만족을 채우는 사람입니다. 자기 안에 폭력성과 파괴성을 지니고 있으며, 그 감정대로 다른 사람에게 돌려주는 의식입니다.

　분노조절이 안 되는 사람, 타인에게 화를 입히고, 무엇에 책임지지 않는 의식입니다. 세포에는 빅뱅에서 지금까지의 정보가 다 담겨 있습니다. 우리는 의식 수준에 따라 지금의 환경에 태어납니다.

스스로 마음에 들지 않는 몸을 가진 사람도, 만일 자신이 원하는 사람으로 성장하고 싶다면, 자기 자신에 대해 '내게 이런 성향이 있구나' 알아차리는 게 첫 단계로 중요합니다. 주인인 내가 자각이 깊어지면 의식수준이 바뀝니다. 의식수준에 따라 삶의 경험이 달라집니다. 자신이 높은 의식으로 성장하는 것이 대단히 중요하다 할 수 있습니다.

내가
나에 대해 잘 알까

 자신을 잘 느껴보면 알게 됩니다. 누구에게나 내 몸을 구성하고 있는 많은 감정들이 있습니다. 누가 나와 부딪혀서 바로 드러나기도 하지만, 가만히 있어도 저절로 나타나는 감정이 내 구성요소입니다.

 불안함, 슬픔, 기쁨, 짜증, 화 등등이 있습니다. 각각 그 감정들은 경험할 만큼 해야 사라집니다. 삶속에서 한번 화가 올라왔다고 가정하면, 화에 대한 감정이 경험한 양만큼 조금 줄어듭니다.

산다는 것 자체가 수행이라고 하죠.

매번 누군가와의 관계에서 이런 감정들을 경험하며 살다보면 이해심이 많아졌다고 여깁니다. 그러한 감정은 여러 차례 수십 년 경험했기 때문에 지나간 것입니다.

내게 그런 감정이 있다는 것을 자각하면 자각한 대로 경험이 되어 그 감정의 정도가 줄어듭니다. 성장 속도가 빨라집니다.

나는
언제나 행복할까

 삶에서 원하는 조건들이 이루어지고 욕심이 찼을 때 행복할까요? 사람들은 그 상태가 올 거라고 기대하며 살아갑니다. 돈이 많아지면 행복할 거라 생각합니다. 파트너가 생기면 행복할 거라 생각하죠. 유명한 사람이 되면 행복할 거라 생각합니다. 그렇지 않습니다. 내가 행복에 집착하고 있다는 걸 자주 알아차리다보면 집착이 흘러갑니다. 모든 성취나 조건으로부터 편안한 상태가 되면 오히려 자신이 추구하는 쪽으로 흘러가고 행복한 상태가 됩니다. 내면만이 아니고 전반적인 상황이나, 현실도 바뀌게 됩니다.

의외로 사람들은 행복이 어떤 느낌인지 잘 모릅니다. 기쁨이나 즐거움과 다릅니다. 이만하면 행복하다고 맞추는 게 아닙니다. 슬픔이나 아픔처럼 행복도 그 감정만의 주머니를 가지고 있습니다.

원하는 조건이 갖춰지면 행복한 게 아닙니다.

이 정도면 행복하지 않을까? 머리로 정리하지 않아도 행복은 저절로 내 안에서 솟아나게 됩니다. 사는 것이 신비해집니다.

내 마음을
피하지 마라

내 안에 사는 불편한 감정들과 놀아보세요. 화가 난다면 누구 때문, 무엇 때문에 이유를 찾아 해결하려 듭니다. 반응으로 해결하거나, 되돌려주지 않고 그냥 화와 놀아보세요. 슬픔이 있다면 슬픔하고 놀아보세요.

마음에 들지 않는 내가 있다면, 싫어하는 그 느낌을 있는 그대로 경험해주면 내게서 흘러나가게 됩니다. 난 빈 그릇이 됩니다. 텅 빈 것은 순수의식입니다. 그 그릇에는 환희가 담기게 됩니다.

설탕 그릇에는 설탕이 담기고,
짜증이 많은 그릇에는 짜증이 담기듯,
내게 기쁨이 많다면
기쁜 일들이 저절로 다가와 담기게 됩니다.

꼭꼭 숨어있지 않고 다행히 밖으로 드러나는 것을,
나를 성장시키는 반가운 선물로 느껴보세요.

나의 절친

여러분은 누구와 함께 눈을 뜹니까?
잠을 잘 때는 누구와 함께 잠에 듭니까?
날마다…눈을 뜰 때, 눈을 감을 때 나 자신과 함께 합니다.
슬플 때, 놀라운 경험을 할 때에도 나와 함께 합니다.
나처럼 중요한 존재는 없습니다.

이 '나'를 살려고 왔기 때문입니다.

나는 나 자신과 어떤 관계를 맺고 있나요?

나와 친한 사이인가요?

내가 마음에 드나요?

나에 대해 잘 살피고 있나요?

마음이 항상 소란스러운가요?

고요한 호수를 담고 있나요?

내가 얼마나 사랑스러운지 살펴 본 적 있나요?

나보다 더 귀하게 여기는 사람이 있나요?

내가 사는 방식대로 미래가 주어진다

주변 사람을 잘 관찰하면 여러 종류의 패턴을 발견할 수 있습니다. 일이 있으면 곧바로 해결하는 사람이 있는가 하면 계속 미루다가 마지막에 겨우 마무리하는 사람이 있지요. 약속이거나 지불해야 할 돈에 관한 일이거나 상대방이 조를 때까지 모르는 척 하는 사람도 있습니다.

패턴을 바꾸면 삶의 흐름이 바뀝니다.

자신의 삶을 잘 살펴보세요. 당신이 살고 있는 스타일 그대로 삶을 경험합니다.

나는 어떤 타입인가요?

고요한 나 & 화내는 나

우리는 고요하게 있기보다 반응하고 성내는 것을 쉽게 합니다. 자아는 지는 느낌을 싫어하기 때문입니다. 나 자신과의 관계를 잘 살펴보는 것이 중요합니다.

몸, 과거의 경험, 상처, 현재의 상태, 미래에 대한 일 등 내 마음을 불편하게 하는 것이 무엇인지 알아봅니다. 불편함은 나하고 상관없이 저절로 올라와서 나를 소란스럽게 합니다.

그냥 과거 언젠가부터 자리하고 있던 것입니다. 내 안에 그런 아픔이 있다는 자각이 중요합니다. 내 안에서 자꾸 재잘거리면 '불편함을 내게서 살라고 승인한 적이 없다. 나는 고요하다'라고 결정합니다.

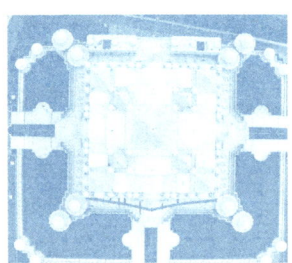

형제도, 쌍둥이도
삶이 다르다

한 부모에게서 태어나 같은 환경에서 같은 것을 먹고 자란 형제도 삶이 다릅니다. 농사짓는 부모에게서 태어났다고 합시다. 농사가 아주 잘되어 풍요로울 때, 잉태한 상태였다면 이 아이는 어머니의 영향으로 '사는 게 풍족하다'라고 영향을 받겠지요. 내가 잉태됐거나 태어난 무렵에 끼니 걱정을 하는 상태였다면 '먹고 사는 건 힘든 일이구나'라고 그 환경의 영향을 받게 됩니다.

처음 겪은 그 생각이 뿌리내리면 그 생각대로 힘든 삶을 살게 되는 이치입니다.

나에게
가장 상처를 주는
사람은 나다

chapter 4

나의 가장 큰 적은 나다

내가
나의 적이다

 우리는 때때로 자신을 좋아하지 않습니다. 미워합니다. 우리는 자신의 적이기도 합니다. 자신의 몸, 환경을 미워하고 자신의 감정, 질투, 생각을 싫어합니다. 아주 병적입니다. 자신을 마땅치 않아하므로, 성형을 하고, 머리에 페인팅도 합니다. 내가 그렇게 하고 있다는 것을 알아차리십시오.

 '네가 나에게 큰 상처를 줬다'라며 상처로 받아들이는 것은 내 결정입니다. 우리는 우리 내면을 모릅니다. 내 안에 불편함이 있어서 나를 미워하게 된다는 것을요. 내게 증오가 있으면 나도 다른 사람에게 상처를 주게 됩니다. 내게 미움이 많은데 어떻게 다른 사람에게 이로운 말을 할 수가 있겠어요? 내가 가지고 있는 것을 줄 수밖에 없는 것입니다. 나의 내면을 보살피세요.

나는 과거이다

 아직 얼마 살아보지도 않은 일곱 살 아이에게도 불편함, 고통이 있습니다. 그 아이도 마찬가지로 일곱 살 이전의 경험과 그 이전, 훨씬 더 이전 경험들의 산물입니다. 과거 경험했던 근거에 의해 질문하고 과거에게 답을 줍니다. 몸은 반사적으로 과거에 반응하게 돼 있습니다.

 예를 들면 더 어릴 적, 동생이 귀중한 물건을 깨뜨렸는데, 형이 동생을 돌보지 않아 그랬다고 아버지께 맞은 적이 있습니다. 단 하나의 작은 일입니다. 너무 어려서 변명할 수는 없었습니다. 그 일은 잊힌 듯하지만 '나는 억울하다'는 감정을 가진 채 살게 되기 때문에 억울한 일을 끌어들입니다.

작은 사건 하나로 전체를 결정지었다는 것을 알게 됩니다. 과거의 기억에 반응하는 삶은 지혜롭지 못한 결정을 하게 됩니다. 창의적이지 못한 상태로 살게 됩니다.

'그것은 하나의 상황일 뿐이다'라고,
과거의 기억을 내려놓았을 때 성장합니다.
내가 과거를 되새김질 하고 있다면 퇴보하는 것입니다.

과거가
내 삶의 나침판인가

 항상 두 개의 생각이 싸웁니다. 생각의 개입, 생각의 방해가 있습니다. 하나는 안다, 하나는 모른다. 하나는 하자, 하나는 하지 말자며 점령당했죠. 우주의 소리를 들을 수가 없습니다. 징크스라고 입력된 정보가 있습니다. '오늘은 운전을 하지 말아야지' '오늘은 집에 있어야지' 등등. 과거는 흘러간 것인데 과거의 기억을 기준으로 오늘을 결정합니다. 과거에 한두 번 있었던 일이 결정의 기준이 되고 맙니다. 중요한 것은 계속 같은 생각을 반복한다는 것입니다.

 자기 자신에게 나아갈 기회를 주지 않는다면 지금보다 성장한다거나 번영, 행복한 상태와는 가깝지 않은 것입니다.

나만의 신이 필요하다

 이런 저런 수많은 실천법과 멋진 강의들은 내가 실오라기만큼의 살 힘이라도 있을 때야 가능한 일들입니다. 나의 작은 힘으로는 일어서기 힘들 때, 나보다 힘이 있는 조력자가 필요합니다. 주변을 둘러보면 나를 도와 줄 누군가가 꼭 있습니다. 또는 나보다 힘이 센, 나와 가깝다고 느끼는 무언가에 연결되어 있을 때, 도움을 요청할 수 있습니다. 돌아가신 부모일 수도 있고, 자신이 믿는 예수, 부처, 수천 년 된 나무가 될 수도 있습니다. 고요한 상태에서 도와 달라 요청하는 것이 큰 도움이 됩니다. 나라는 개체는 내 크기만큼의 힘이거든요. 나보다 더 크고 힘 있는 조력자가 누구일까? 찾아서 손을 잡으세요. 나를 돕는 힘이 됩니다.

내 마음과
연애하라

'삶은 누구나 괴로워'라고 말하는 사람

괴로움에 빠지는 것은 무지의 소치입니다. 이 정도 괴로움은 누구나 겪는 거라고 괴로움이 당연한 것처럼 받아들이는 것도 무지합니다. 고통이 있어도 잘 참는 것이 지혜롭다고 배웠습니다. 늘 우리는 아름다운 상태로 살 수 있습니다. 아무런 고통이 없다는 말이 아닙니다. 남에게 드러내라는 말이 아닙니다. 고통이 있는 것이 당연하다고 여기지는 말라는 것입니다.

지금 자신의 뜻대로 안 풀린다고 하여 평생 그런 상태로 산다고 결정하지 마십시오. 그 동안은 '삶은 힘든 것이다'라고 결정하고 살아왔다면 다시 설정하라는 말입니다. 삶을 괴로움이라 결정할 것인지, 삶은 신비한 탐험이라고 결정할 것인지, 삶은 재미있다고 결정할 것인지.

멈춤

잠깐 멈춰서 숨을 고르는 일은 아주 중요합니다. 앞만 보고 달려갈 때 나로 인해 넘어진 사람은 없는지, 상처 준 사람은 없는지, 내 이익이 다른 사람의 손해에서 온 것은 아닌지 살펴보는 시간이 나를 여유 있게 합니다. 자신의 탑을 쌓는 일에 다른 사람의 이익과 즐거움이 포함되어 있을 때 그 탑은 견고합니다.

명상, 기도, 멈춤은
눈앞에 보이는 좁은 시야에 갇히지 않고
느낌, 직감력, 지혜의 창이 열리도록
자신에게 기회를 주는 것입니다.

의식과 무의식

의식은 기억할 수 있는 영역입니다. 무의식은 기억나지 않는 잠재적 영역이라 할 수 있습니다. 저절로 드러나는 알 수 없는 속성이거나 스스로 제어할 수 없는 감정을 무의식이라 할 수 있습니다. 이유 없이 화가 치민다거나, 참을 수 없이 짜증이 솟는다거나 등 입니다. 무의식은 대부분 감춰져 있다가 느닷없이 드러나 나를 압도합니다. 무의식은 반복적이고 파괴적이며, 앞으로 나아가는 것을 방해합니다. 무의식에 지배당하는 삶은 늘 충돌합니다.

무의식적 기억이 드러날 때마다 '이것은 내가 모르는 속성이다' '주변 환경에서 주입된 것이다'라고 해 보세요. 휘둘리지 않는 힘을 기르면 점점 더 성장합니다. 무의식을 벗어난 사람은 지혜를 발휘하고, 창조의 힘으로 삽니다.

의식의 목표는 '나는 할 수 있어'의 긍정적 주문이고, 무의식적 기억이 '나는 능력이 없어'라고 한다면 어떻게 될까요? 무의식적 기억이 압도합니다. 무의식적 기억은 의식의 힘보다 200만 배나 센 정보력입니다. 긍정적으로 살고 있지만 '나는 잘 안 돼' 하게 됩니다. 내 의지와는 상관없이 드러나는 그 정보는, 나도 잘 모르는 영역의 것이므로 그 생각이 떠오를 때마다 '이 정보는 내가 결정한 것이 아니다'라고 흘려 보냅니다.

밧줄을 풀자

인도 남부의 카렐라에는 예닐곱 마리의 코끼리가 한쪽 다리를 얇은 줄로 묶어 작은 나무에 메어져 있습니다. 이 코끼리들은 비바람에 쓰러진 나무들을 치우기 위해 묶어둔 것입니다. 큰 나무를 치울 만큼 거대한 힘을 가진 코끼리가 약한 줄을 끊지 못해 묶여 있을까요?

이 코끼리들은 어릴 때부터 줄에 묶여 있기 때문에, 그 줄을 풀 생각을 하지 못합니다. 우리에게도 내 안의 어떤 소리가(무의식적 기억) 나를 나약하게 붙잡고 있습니다. 나의 위대한 잠재력을 가로막고 있습니다. 그 생각의 밧줄을 끊어 봅시다.

— 프리타ji 말씀 중

내려놓는 기술

그저 '내려놓아라 내려놓아라' 많이 듣습니다. 관계에서 마음이 건드려졌을 때, 저절로 드러나는 감정이 발견됩니다. 내게 이런 감정이 있구나, 알아차리는 것으로 시작합니다. '알아 누구 때문이야', '사과를 받아내고 말 거야' 이런 생각으로 고정되면 해결 되지 않습니다.

떠오르는 감정에 아무런 생각을 끼워 넣지 않고, '참아야지'도 하지 않고, 오직 그 감정과 잠깐 함께 있어보세요. 화, 짜증, 슬픔 무엇이든 잠시 바라보면 사라집니다. 감정이 다시 드러날 때마다 그 감정에 생각을 덧붙이지 않고 있는 그대로 느껴줍니다. 경험하다보면 편안해지고 내려놓아졌다는 것을 알 수 있게 됩니다.

가령, 자장면이 먹고 싶다는 생각이 들 때 그냥 자장면을 먹습니다. 누구 때문에 못 먹었고, 언제 먹고 안 먹었는지 생각만 하고 있으면 해결 되지 않습니다. 그냥 먹고 나면 자장면 생각이 나지 않는 것과 같습니다. 모든 것은 경험하면 사라집니다.

절대 용서 할 수가 없다

시간이 많이 흘렀는데도 머릿속에서 지워지지 않는 기억이 있습니다. 상처는 희미해진 것 같은데 반복적으로 이따금 올라올 때가 있죠. 용서가 되지 않는 사람 또는 그 상황을 떠올려, 분노 서러움 억울함 등이 있음을 충분히 인식합니다. 아무리 노력해도 불편한 감정이 잘 사라지지 않는다면 의도적으로 결정하세요. '나는 며칠, 몇 달 혹은 얼마 동안 그를 미워할 거야 그리고 끝낼 거야'라고요.

상대를 미워하는 것도 에너지가 필요합니다. 분노나 슬픔을 경험하는 동안 내 몸이 상하게 됩니다. 기억은 있는데 불편한 감정이 남아있지 않다면 흘러간 것입니다.

변덕스러운 용서

용서는 다른 사람을 이해하자는 것이 아닙니다. '그 사람이 고통스러운 상태에 있어서 그랬을 거야'라고 맞추는 게 아닙니다. 그 사람하고는 상관이 없습니다. 마인드는 변덕스러워서 오늘은 이렇게 맞추고 내일은 저렇게 맞춥니다. 내 상처가 나를 상처 줍니다. 내 상처가 나를 고통스럽게 합니다. 마음속이 쓰레기더미여도 '사람들이 다 이렇게 살지 뭐' 하며 합리화합니다. 혹은 자신을 위로합니다. 관계가 끊어지고 신뢰감이 사라지고 상처가 있는 채로 결정을 하기 때문에, 상처의 결과물은 상처입니다.

용서란 내 상처로부터 자유로워지는 것입니다. 그저 나의 생각과 다른 사람의 생각, 그 차이에서 상처가 발생하는 것임을 인정하는 것입니다. 나아가 상대에게 잘못이 없음을 발견하는 것입니다.

성공

성공이란 삶의 모든 측면에서 지금보다 더 높은 차원으로 끌어올리는 것을 말합니다. 관계, 건강, 부, 지식, 영성, 기여 등에서 고루 성장하는 것을 말합니다. 성공하겠다는 의도를 세울 때, 의도의 뿌리가 어디에서 비롯되었는지 살펴보세요. 누군가에게 보여주기 위해 원하는지, 누구보다 더 성공하겠다는 비교에서 온 것인지 봐야 합니다. 성공의 의도가 유익하고 상호 간 이익이 되는 것이라면 건설적입니다.

다른 사람을 해하거나 상처를 주면서 나만 이로울 수 없습니다. 성공에 이르기도 어렵습니다. 설령 눈에 보이는 성과를 이루었다 해도 쉽게 무너지게 됩니다. 온전한 곳에 온전한 열매가 맺힙니다.

잘 느껴보십시오. 누구나 자신이 지니고 있는 그 성향을 지닌 채로 성공을 향해 나아갑니다. 불만이 많은 사람은 불만을 지닌 채로, 분노에 찬 사람은 분노에 찬 채로, 슬픈 사람은 슬픔을 지닌 채로 성공을 추구합니다. 무얼 성취했다고 해서 저절로 불편함이 사라지지 않습니다. 성공을 위해 무얼 추구할 때 가장 먼저 해야 할 일은 당신의 상태를 점검하는 일입니다. 편안하고 고요한 상태로 시작하면 추구하는 과정이 즐겁고 성과도 오래 갑니다.

삶이 기적이다

나 자신과의 연결성, 다른 사람과의 연결성, 동식물과의 연결성, 자신이 믿는 신이 있다면 그와의 연결성이 강할수록 삶에 더 많은 기적이 일어납니다. 동시발생이라고 하죠. 무언가가 필요하다 할 때 바로 생깁니다.

원하는 일이 쉽게 이루어지고,
전혀 기대하지 못했던 행운이 옵니다.
자신이 모든 것과 연결된 상태일 때,
기적이 일상처럼 일어납니다.

삶이 기적이 됩니다.

기적은 아름다운 상태에서 살수록 자주 일어납니다.
아름다운 상태는 예의바르고, 다른 사람에게 해를 끼치지 않고, 좋은 사람이라고 칭송 받는 것을 넘어 선 차원입니다.

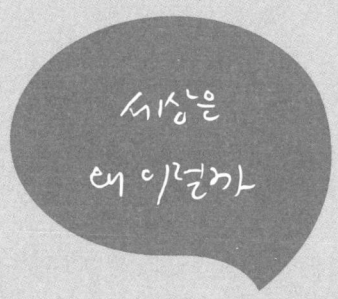

chapter 5

나라는 존재는 모든 것과 연결되어야 살 수 있습니다.

세상은 왜 이런가

고대부터 지금까지 우주가 흐르는 패턴이 있습니다. 커다란 사이클도 있고 그 안에 단계별로 작은 사이클로도 나뉘어 있습니다. 우리는 잠깐을 살다 가지만 작은 사이클만 해도 금, 은, 청동, 철의 시대라 하여 이 네 개의 사이클이 한 바퀴 도는데 26,400년이 걸립니다. 물질이 지배하는 철의 시대가 26,400년 사이클의 끝 지점(2012년)을 지나갔습니다. 인류가 다시 자연친화적이고 연결되어 돕는 관계로 돌아가는 과도기에 있습니다. 개발로 훼손된 자연은 지금 살아보려고 애쓰는 중입니다. 우리처럼.

나를 저 무한한 우주에 올려두고 내려다보세요. 이런 시대에 이런 경험을 하는 중입니다. 이 시대도 흘러가는 중입니다.

셀프이미지

'긍정적 마인드를 가지자'로 셀프이미지를 만듭니다. '나는 재정분야의 천재이다' '나 아니면 할 사람이 없다' '나는 헌신적이다'등. 이것에 강박적 집착을 보내다가 자신의 이미지에 손상이 오면 상처를 받고 그 상처를 되새깁니다.

집착은 더욱 강해지고 고통이 시작됩니다.
우리는 자신의 부정적 이미지에도 고통을 만듭니다. 수치심, 낮은 자신감 사이를 왔다 갔다 하며 사람을 잃고 장애물에 걸리게 됩니다.

긍정적이든 부정적이든 자신이 만든 이미지를 발견하고 그것에서 해방되어야 합니다.

강박으로부터 자유로워야 합니다.

연결성

 삶에서 가장 아름다운 상태는 무엇에건 연결되어 있는 상태입니다. 연결성이란 판단분별 없이 대상과 소통하는 상태입니다. 고요하고 마음의 재잘거림이 없습니다. 과거의 기억이나 미래에 대한 염려에서 벗어나 있다면 연결성을 회복할 수 있게 됩니다.

 '나'라는 존재는 모든 것과 연결되어야 살 수 있습니다. 하물며 나와 가족, 나와 이웃, 나와 세계 간에 소통이 안 된다면 나는 살고 있지 않은 것입니다. 연결성이 없다면 자신에게만 빠져있는 상태이며 모든 것과 끊긴 상태입니다. 가슴이 닫힌 상태입니다. 그저 숨을 쉬고 있는 것입니다.

나무, 새소리, 봄기운, 풀냄새 하나라도 정성껏 관심을 주기 시작해 보세요. 그것과 함께 하는 여유 공간을 조금씩 늘려 보세요.

평화로운 상태

그냥 고요한 상태 그 이상입니다. 무엇에 걸림이 없는 정도의 상태를 말하는 것이 아닙니다. 나의 모든 것을 잠재우는 힘, 모든 것을 쓸어내리는 힘, 파워풀한 의식 상태, 깨어있는 상태입니다. 내면에 사랑이 피어나 모든 살아있는 것들에게 부드럽고 친절한 것입니다.

자비심이 피어나면
다른 사람을 치유할 큰 힘이 생깁니다.
평화를 통해 성장하고 평화를 통해 친구들을 도울 수 있습니다.

부부에게 평화가 있다면 아이들에게 영향을 주어 아이들이 평화롭고, 치유됩니다. 한 나라의 왕에게 평화가 있다면 적기에 비가 내리고, 적기에 빛이 내리며 그 나라가 윤택해집니다. 왕의 의식상태에 따라 나라마다 겪는 일이 있습니다. 리더가 평화로운 상태에 있다면 모든 팀원들이 평화로울 것입니다.

자신의 결정이 옳은지 아닌지 의심이 갈 때,
자신의 상태를 보면 알 수 있습니다.
평화로운 상태에서는 옳은 결정을 하게 됩니다.

성취

 자기중심적인 사람은 어떤 문제에 부딪혔을 때 해결하기가 어렵습니다. 뭔가를 이기는 것에 몰입돼 있고, 다른 사람의 감정, 입장, 상처를 느끼지 못하기 때문에 외롭습니다. 상대방을 통해 내가 무얼 얻는가에 빠져 있습니다. 원시적인 의식입니다. 아무 것도 얻지 못하면 내 잘못이 아니고 저 사람 탓입니다. 주변과 등을 돌리고 형제와도 끊어집니다. 부족함의 의식이 되물림 됩니다. 부족함의 의식은 상대를 깔아뭉개서라도 이익을 취하며 형제끼리 전쟁을 치르기도 합니다. 부족함이 많던 시절에도 잘 살았습니다.

무엇이 당신을 두렵게 하나요?
무엇이 당신을 멈추지 못하게 하나요?

지혜와 창조성을 발휘하려면 내면의 공간이 비어있어야 하고, 고요하게 깨어 있어야 합니다. 그 공간에서 해결책이나 아이디어가 도출됩니다. 고요하지 않으면 쓸데없는 생각들이 성취를 방해합니다.

지혜와 창조력도 생각이 멈췄을 때 떠오릅니다.

타이밍

　시간은 보이지 않는 흐름입니다. 특별한 방식으로 흐르는 에너지입니다. 어떤 기간에 에너지가 부정적인 방식으로 흐르고 있다면, 그 시간에는 잘못된 결정을 하기도 하고 어긋나며 실패를 하게 됩니다. 명예도 잃고 사람을 잃고 이미지가 실추되기도 합니다.

　좋은 시기가 있습니다. 무엇인가 시작하기 좋은 때라는 느낌입니다. 아름답고 건설적이라고 느끼게 되는 때입니다. 이때 도전을 하라고 하죠. 국가에도 좋은 시기가 있고, 나쁜 시기가 있습니다. 파괴적 사이클에 있을 때에는, 장애가 생기고 고군분투해야만 앞으로 나아갈 수 있게 됩니다. 내가 세상과 잘 정돈되어 있다면 이 때를 잘 건널 수 있습니다.

잠

잠들어 있는 동안 우리는 땅의 기운을 받습니다. 땅의 기운은 우리 몸의 뇌까지 정화해줍니다. 그 사이 뇌는 아주 명료해져서 엄청난 일을 합니다. 수면 중의 뇌는 생각으로부터 오감들이 철회됩니다. 쉽게 놓아버리는 사람들이 잠도 잘 잡니다.

당신은 잠이 쉽게 드나요?
지나간 일들을 소처럼 되새김질하고 있나요?
아직 돌아오지도 않은 일에 대해 걱정을 지어내고 있나요?

정리하거나 답을 내려고 하지 않고 '내가 생각이 많구나' 멈춥니다.

알아차림의 습관

알아차림의 상태에서 사는 느낌은 어떤 것일까요? 구름을 관찰한 적이 있나요? 강물을 관찰한 적이 있나요? 돌덩이가 흐름을 방해해도 강물은 방향을 바꿔 흘러갑니다. 흐르는 상태에서는 저항이 없습니다. 흐름의 상태는 완전함에서 일어납니다.

아이와 같습니다. 아이는 화가 나면 그 순간 화를 완전히 경험합니다. 울음이 그치고 눈물이 마르기도 전에 아이는 금방 즐겁게 놉니다. 고요해지기 위해 애쓰지 않고 화에 대해 감추려하지 않습니다. 화가 났다가 화가 사라지고 수치심이 일었다가 수치심이 사라집니다. 바로 회복합니다. 그건 좋은 거니까... 지키려는 노력도 필요하지 않습니다.

꽃이 피었다가 얼마 만에 떨어집니다. 꽃이 더 피어 있으려고 애쓰지 않습니다. 그 흐름 덕에 꽃이 아름답게 느껴집니다. 계속 지지 않는 꽃이라면 우리가 아름답다고 느끼지 않을 것입니다. 자신이 자비심을 행했다고 자랑스럽게 생각합니다. 이것 또한 진정한 알아차림의 상태가 아닙니다. 그 자비심이 흐르지 않고 묶여있는 것입니다. 집착하는 중이죠. 그저 일어나고 바로 사라지는 것이 깨어남의 상태입니다.

흐름

 일이거나 사람이거나 내 마음에 맞지 않아 거슬리는 경우가 있습니다. 싫으면 피하게 되고, 내면에서 계속 재잘거립니다. 그 상황에 저항하지 않고 고요하게 지나간다는 것은 깨달은 상태일 때 가능합니다. 관계가 맺힘 없이 흘러가고 있다면 평온합니다. 앎이 고정되지 않고 흘러가고 있다면 소통이 자연스러울 것입니다. 정신이 묶여있지 않고 자유롭다면 건강한 몸으로 살게 됩니다. 부가 내게서 묶여있지 않고 자유롭다면 더 흘러옵니다.

 흐름 흐름 흐름...
 내 몸의 에너지를 잘 맞추면 집단지성과 주파수를 맞추게 됩니다. 멋진 운명을 만들어 가게 됩니다.

히말라야 산을 새들이 넘습니다.
날개의 힘으로만 그 산을 넘을 수 없습니다.
그들은 지구에서 올라오는 기류를 잘 탈 수 있어야
높이 오릅니다.
'스위프트'라는 새는 늘 하늘에만 있습니다.
상승기류에 몸을 맡기고 잠깐씩 허공에서 잠을 자고,
바람이 데리고 다닙니다.
세상의 힘으로 가장 빠르게 날면서
가장 높은 고도를 날게 됩니다.

― Ekam 수업 과정 중

깨달음은
인간 최상의 성취

 깨어남, 깨달음은 인간 최상의 성취입니다. 왕들도 현자에게 지혜를 빌리며 고개를 숙인 까닭입니다. 깨어난 상태로 살면 삶은 최고의 성장을 가져다 줍니다. 깨어난 상태에서는 성자의 기억에 접속되어 삽니다. 고대 인류의 기억에 접속됩니다. 지혜의 힘이 흐르게 됩니다. 깨어나지 않은 상태에서 살면 인간 집단기억의 정보로 살게 됩니다. 병, 탄생, 죽음, 나이 듦, 불확실성에 빠져 살게 됩니다. 지혜를 얻어 일찍 깨어나고, 깨달을수록 삶을 즐길 수 있게 됩니다.

우파니샤드에 나오는 일화가 있죠.

사향노루가 어디에선가 나는 향기에 이끌려 찾아다녔습니다. 오래 헤매다가 지쳐 쓰러졌을 때 알게 되었어요. 평생 찾아다닌 그 향기가 바로 자신의 목 부분에서 난다는 것을요.

지성의 오류

부분적인 진실만 본다면 바보가 됩니다. 개인의 철학만 고수하게 됩니다. 전체를 보지 못하면 잘못된 결정을 하게 되고 다른 사람과의 관계에 오류가 생깁니다. 무얼 지키려고 할 때 지킬 수 없는 일이 일어나고 모든 것을 파괴합니다. 우주는 양 측면이 있습니다. 우리가 한 측면만을 믿는다면 엉뚱한 일이 일어납니다.

지렁이는 땅만 보며 삽니다. 시야가 좁아 다른 관점을 가질 수가 없습니다. 새는 하늘을 날며 두루 탐험하며 삽니다. 벌레의 시각으로 사는가, 새의 시각으로 사는가를 살펴 볼 필요가 있습니다.

항상 아픈 사람

　많은 의사들을 만났지만 원인을 모른다고 합니다. 그녀는 다섯 살 때까지 온 가족의 공주였지요. 동생이 태어나자 모든 관심이 사라졌어요. 그러자 그녀가 아프기 시작했죠. 아프고 보니 온 가족이 다시 사랑과 관심을 주는 거예요. 아프면 사랑을 받는구나, 그래서 몸을 상처 입히는 것으로 결정하게 됩니다. 물론 아이일 때 결정한 생각입니다. 그때의 결정은 자신도 모른 채 어른이 되어서도 계속됩니다. 이것이 바로 지성의 오류입니다.
　한번 결정한 생각은 자신이 다시 알아차릴 때까지 반복적으로 일어납니다.

chapter 6

가슴이 피어나면 주변을 이롭게 하는 사람이 됩니다.

가슴이 피어나면

'머리에서 가슴까지가 제일 멀다'라는 말을 알고 있습니다. 30센티밖에 안 되는 거리인데 가슴이 열리기 어렵다는 것입니다. 주로 궁리하고 생각하며 살죠. 가슴이 열리면 느낌, 지혜가 확장됩니다.

가슴지성이 피어나면 사람들을 느낄 수 있습니다.
직관적인 결정을 하게 되죠. 상황과 맞는 지성이 나를 이끌어 줍니다. 가슴이 피어나면 자신의 일이 순조롭게 풀리는 것은 물론, 주변을 이롭게 하는 사람이 됩니다. 직감이 발달하고 지혜의 힘이 자신을 이끌어줍니다.

수용

'삶이 원래 그래, 받아들여야지 어쩌겠어' 하며 살아가는 것을 수용으로 오해합니다. 이건 삶에 대해 체념한 것입니다. 삶이 바뀔 거라는 희망이 없고 나 자신, 그 상태에 체념하는 것입니다. 깊은 이해와 자각 없이 그저 받아들이고 마는 거죠.

불편함이 생길 때마다 스스로 '나는 순수의식이야' '나는 믿음이 큰 사람이야' '나는 지성인이야'하며 거짓 수용을 합니다. 마음속에는 많은 소란이 있는데 겉으로 말을 지어낼 때 부담스러워집니다. 다른 불편함을 만들게 됩니다.

진정한 수용이란 내면에서 일어나는 모든 것들을 자비심 있게 바라보는 것입니다. 완전한 수용상태에서는 '받아들인다' '받아들이지 않는다'에 대한 생각조차 일어나지 않습니다. 받아들인다는 것은 자비심으로 그저 인정하게 되는 것입니다.

집단지성

 지성 없이는 성취가 없습니다. 충만도 없고 깨달음도 없습니다. 지성이란 모든 진화의 근본입니다. 지성이란 어떤 부정도 깨버리는 파워입니다. 우리는 모든 생명체 중에 힘이 약한 편에 속합니다. 호랑이 같은 발톱도 없고, 사자 같은 힘도 없습니다. 그러나 인류는 잘 살아가고 있죠. 이 지구상의 많은 종들이 멸종되어도 힘이 없는 인간이 어떻게 잘 살아가고 있을까요?

 진화적 관점에서 보면 빼어난 뇌가 가능하게 합니다. 육체적 힘이 아니라 지성의 힘으로 살아가는 것입니다. 지성의 힘을 믿고 누구나 지성의 파워를 쓸 수 있습니다. 인류에게 주어진 잠재력입니다. 지성을 키워가며 인류는 성장해 왔습니다. 우리가 고요한 마인드일 때 집단지성이 흐를 수 있는 훌륭한 도구가 됩니다.

모든 생명체에는 지성이 흐릅니다. 숲에서 어머니 나무가 아이 나무에게 빛도 나눠주고, 뿌리를 더 뻗도록 도와줍니다. 짐승들이 열매를 따먹기 위해 나무에 오르면 어린 나무에게 상처를 입힐까봐 어머니 나무는 강한 화학물질을 내뿜어 그들을 내보냅니다. 삶의 목적을 발견하고 목적을 사랑하게 된다면 세상에 도움이 되고 다른 사람을 성장시킵니다. 어머니 나무가 생태계에서 역할이 있듯, 우리에게도 역할이 있습니다.

— 프리타ji 수업 과정 중

무감각

우리는 무감각 속에 살고 있습니다. 개념에 갇혀 있고 다른 사람의 고통에 대해 그냥 이해하려고만 합니다. '나도 그런 적이 있어' '나는 이해해'라고 하지만 당신은 실제 이해하지 못하는 경우가 많습니다. 우리는 자연, 사회는 물론 자신에게도 무감각합니다.

'내가 살아봐서 다 알아'라는 태도로 많은 것을 부모가 결정합니다. 리더들은 그룹이 무엇을 원할까 느끼기보다 내가 무슨 일을 하고 싶은 지에 몰두합니다. 그들이 무엇을 원하고, 그들에게 뭐가 중요한지 알려고 하지 않습니다. 내 욕구를 충족시키고 '나'를 내세우는 것에 몰입되어 그들에게 무감각합니다.

이해하다

원래 다른 사람을 온전히 이해한다는 것 자체가 성립이 안 되는 일입니다. 한 사람의 생각은 조금 전의 생각과 다르고, 공기가 바뀌거나, 구름이 끼거나, 비가 와도, 자신의 기분과 상황에 따라 매 순간 변합니다. 변하지 않는 고정불변의 사람이란 없습니다. 그러니 '그 사람은 이런 사람이다'라고 규정할 수 없는 일입니다. '나는 이런 사람은 질색이야'라고 했어도 내가 믿고 신뢰하는 사람에 대해서는 관대합니다.

고정되지 않고 매 순간 변화가 진행 중인 어떤 사람을 우리가 이해한다고 할 수 있을까요?

지구 어머니

　모든 생명체를 낳아주는 지구는 모체입니다. 어머니입니다. 지구는 발명이라는 명분으로 많은 분야에서 앞 다투어 개발을 거듭합니다. 전기장의 과열과 오염으로 자연의 흐름이 파괴되기 시작한지 오래입니다. 아무리 외쳐도, 사람들은 내 발밑이 붕괴될 때까지 그 심각성을 모릅니다. 옆집이 불에 타고, 홍수로 떠내려가도 내 집이 아니면, 잠깐 놀라고 맙니다. 먹는 물속에 무엇이 들어있는지 알려고 하지 않습니다. 배기가스와 화학물질이 공기 중에 넘쳐나도 무감각합니다.

접시에 음식을 먹을 만큼만 덜어 잔반을 없앱니다. 세탁물에 넣는 화학세제를 반 이상 줄이고 빨래합니다. 이불은 두 번 중 한번은 세제를 넣지 않고 물로만 돌립니다. 이불솜에 늘 녹아있는 잔여 세제로 이불이 더 깔끔하게 세탁이 됩니다. 이런 소소한 노력은 자연을 살리는 일입니다. 조금이나마 지구에 이로운 행동은, 내 몸에 이로우며, 스스로 기쁘고, 덤으로 지구의 은총도 받습니다.

고대에 이런 말이 있습니다.
'자연을 보호하는 사람은 자연으로부터 보호받을 것이다.'

사랑

　사랑을 화학작용이라 말하는 사람이 있습니다. 그 사람을 생각하면 화학물질이 분비된다고 할 때 그것이 사랑일까요? 화학물질이 사라지면 어디에서 사랑을 가져오나요? 의존하는 것도, 필요로 하는 것도 사랑이 아닙니다.

　사랑은 가슴이 피어날 때 나타나는 의식의 상태입니다. 사랑이 피어나면 상대에게 깊은 관심이 피어나는 것입니다. 상대가 무엇을 좋아하고, 상대가 무엇을 싫어하는지 연결됩니다. 그의 시선이 닿는 곳에 나의 관심도 함께 있는 것입니다. 상대의 모든 측면을 '그의 것'이라고 있는 그대로 인정하는 것입니다.

본성으로 살기

 자신만의 본성으로 사는 것은 참으로 위대한 여정입니다. 진정한 본성과 정렬이 되면 사람들과 감정적으로 연결됩니다. 본성으로 사는 것은 정말 사랑하기입니다. 열심히 사는 모든 것을 사랑하게 됩니다. 깊은 연결성과 예민함이 있게 됩니다. 성공한 사람들의 예를 따라 사는 것은 일부분 성취가 있겠으나, 자신의 소리를 놓치게 됩니다.

 내면의 창조력(잠재력)을 발견하여 흐름에 맡기게 된다면, 모든 측면에서 애씀이 줄어듭니다. 보다 큰 영역으로 나아가 사회적 변화의 통로가 되어 살 것입니다.

반려 동물에 관하여

 사실 동물들도 그들의 세계에서 그들의 본성으로 사는 것이 가장 좋습니다. 종일 집에 갇혀있는 동물은 안타까운 생각이 듭니다. 동물을 사랑하여 곁에 두고 기르는 것이겠지만, 진심으로 그들을 위하고 사랑해서인지, 나에게 필요해서인지 살펴 볼 필요가 있습니다.

 이 시대에는 많은 사람들이 분리감 속에서 살기 때문에 혼자 있으면 외롭다고 느낍니다.

 나와 사랑에 빠져보세요.
 나 자신과 연결성이 회복되면 외롭지 않습니다. 다른 생명체, 동식물의 입장이 되어 그들을 돕게 됩니다.

탄생

'Hooponopono'란 '제로로 돌아가다'라는 뜻입니다. 휴렌 박사의 프로그램입니다. 내게 있는 모든 정보, 생각, 감정들은 나만의 것입니다. 내가 들은 것도 나와 관련이 있기 때문에 듣게 된 것입니다. 각자 듣고 보는 것이 다릅니다. 내가 접촉하는 모든 정보로부터 자유롭고 기억이 제거됐을 때 제로입니다. 무엇이든 생각, 기억이 있는 것은 내 것입니다.

우리는 기억, 충전 때문에 다시 태어난다는 것입니다. 탄생은 기억의 재생입니다. 나만의 기억이 있는 한 '나'라는 개체로 존재하게 됩니다. 이 모든 기억을 경험하고 기억으로부터 벗어나야 자유를 얻습니다.

chapter 7

건강하기를 원한다면

 우리 몸은 수천 년 동안 걸어온 몸입니다. 조상들은 계속 걸었습니다. 어디에 닿기 위해, 몇 보를 걷기 위한 목적으로 걷지 않고, 의식적으로 걸음에 주의를 두며 걷는 것이 건강합니다. 빠른 걸음으로 걸어야 할 경우라도, 몸에 들어오는 모든 감각이 느껴지도록 몸에 주의를 두며 걷는 것이 좋습니다.
 음식은 바람, 햇빛, 새소리 모든 자연에서 만들어진 재료임을 느껴야 합니다. 귀하게 다루고 귀한 마음으로 먹는다면 소화의 불을 키우게 되고, 소화와 흡수가 완벽해집니다.

 우리는 몸을 잘 인식하지 못하고 삽니다. 몸에 주의를 두지 않다가 불편할 때 몸을 인식합니다. 아이가 울 때만 돌보는 것과 같습니다. 몸이 보내는 신호에 민감해야 합니다. 몸의 위대함에 대해 알아차려야 합니다.

숨을 들이쉴 때,
호흡의 소리가 귀에 들리지 않게 천천히 들이쉬며,
폐에 산소가 가득 차게 부풀립니다.
내쉴 때 배를 등 쪽으로 붙이면서
들숨보다 길게 내쉽니다. (복식호흡)
제대로 된 호흡만으로도
우리 몸의 독소를 80% 정도 배출할 수 있습니다.
염증을 치유하며 생명력을 줍니다.

― Ekam 수업 과정 중에서

이완 호흡

의식을 호흡에 둔다.

들숨을 하나 둘 들이쉰다, 내쉴 때는 하나 둘 셋 넷 2배로 천천히 내쉰다.
들숨을 하나 둘 들이쉰다. 내쉴 때는 하나 둘 셋 넷 2배로 천천히 내쉰다.

들숨을 하나 둘 셋 들이쉰다. 내쉴 때는 하나 둘 셋 넷 다섯 여섯 2배로 길게 천천히 내쉰다.
들숨을 하나 둘 셋 들이쉰다. 내쉴 때는 하나 둘 셋 넷 다섯 여섯 2배로 길게 천천히 내쉰다.

들숨을 하나 둘 셋 넷 들이쉰다. 내쉴 때는 하나 둘 셋 넷 다섯 여섯 일곱 여덟 2배로 길게 천천히 내쉰다.
들숨을 하나 둘 셋 넷 들이쉰다. 내쉴 때는 하나 둘 셋 넷 다섯 여섯 일곱 여덟 2배로 길게 천천히 내쉰다.

들숨을 하나 둘 셋 들이쉰다. 내쉴 때는 하나 둘 셋 넷 다섯 여섯 2배로 길게 천천히 내쉰다.

들숨을 하나 둘 셋 들이쉰다. 내쉴 때는 하나 둘 셋 넷 다섯 여섯 2배로 길게 천천히 내쉰다.

들숨을 하나 둘 들이쉰다. 내쉴 때는 하나 둘 셋 넷 2배로 천천히 내쉰다.

들숨을 하나 둘 들이쉰다. 내쉴 때는 하나 둘 셋 넷 2배로 천천히 내쉰다.

들이쉬고 내쉰다.

― Ekam 수업 과정 중에서

고요한 마인드 명상

마음이 불편하거나 산만할 때, 고요한 마인드명상을 합니다.
마음이 과거나 미래에 사로잡혀 있을 때 고요한 마인드명상을 합니다.
마음이 평온함으로 가기를 원할 때 고요한 마인드명상을 합니다.

허리를 곧게 펴고 바르게 앉습니다.
부드럽게 두 눈을 감고 의식적인 호흡을 3번 합니다.
(코에 들어오고 나가는 숨에 주의를 쏟는 것)
들이마시는 숨보다 내쉬는 숨을 더 길게 합니다.

지금 내안에 있는 감정을 정확히 알아차려 봅니다.
짜증인가요, 불안인가요, 혼란인가요, 기쁨, 감사함, 사랑인가요?

이제 내 생각의 움직임을 잘 관찰해 봅니다.
생각이 과거에 사로잡혀 있나요?
생각이 미래에 사로잡혀 있나요?
아니면 현재에 머물러 있나요?

이제 미간으로 주의를 가져옵니다.
미간 사이에 작은 불빛을 떠올립니다.
따뜻한 작은 불빛이 머리 중앙으로 들어오는 것을 상상합니다.
머리 중앙의 불빛에 나의 주의를 기울여 봅니다.

— Ekam 수업 과정 중에서

우울에서 벗어나는 연습, 치료

1) 친한 사람들과 얘기 나누고 식사하기

2) 스킨십

3) 자신과 친구하기, 자신과 우정 쌓기, 나와 내가 친하지 않으면 누가 당신과 친하게 지낼까요?

4) 해가 뜰 때와 질 때를 바라보며 10분 정도 햇빛을 받기. 새소리 나무들의 빛이 변하는 것을 바라보기(자연과의 연결), 햇빛을 받으면 치유가 일어나고 뉴런(신경세포)이 깨어납니다.

5) 잠자리에 들기 전에 숨을 크게 들이쉬고 내쉬며 의식적인 호흡을 합니다. 고요해지면 자신이 믿는 각자의 신을 가슴에 초대합니다. 그날 문제가 있던 일을 떠올려 신께 바칩니다.(이 문제를 당신께 바칩니다) 숨을 들이 쉴 때 신의 이름이거나 혹은 아버지 어머니를 부르고, 내쉴 때도 신의 이름이거나 아버지 어머니를 부릅니다 (18회)

— Ekam 수업 과정 중에서

감사노트

편안함, 배움, 감사함 등이 삶에서 일어난다면 많은 사람의 공에서 비롯된 것입니다. 매번 숨을 쉴 때마다 우리는 지구어머니의 덕을 보고 있습니다. 내가 매번 건드려질 때마다 다른 사람의 역할로 경험이 일어납니다. 감사함은 억지로 감사하다고 시도해보는 것에서 일어나지 않으며, 내가 세상에 대해 연결되어 있고, 다른 사람 없이는 나 혼자 할 수 있는 게 아무 것도 없다는 관점이 있을 때 피어납니다. 감사노트를 만들어 매일 그날의 감사한 일을 적다보면 기분이 좋아집니다. 어느 날 깨어남이 있을 것입니다. 감사한 상황, 감사한 사람을 떠올려 봅니다. 나의 적이라고 생각하는 사람에 대해서도, 단 한 가지라도 그가 있어 좋은 점이 무엇인지 발견해 봅니다.

― Ekam 수업 과정 중에서

자비심 연습

지금 생각나는 한 사람을 떠올립니다. 그 사람에 대해 내 귀에 들릴 정도의 작은 목소리를 내어 속삭입니다. 그 사람에게 주의를 쏟으며

1. 나와 똑같이 그 사람도 자기 삶에서 행복을 찾고 있다.
2. 나와 똑같이 그 사람도 자기 삶에서 고난을 피해보려 하고 있다.
3. 나와 똑같이 그 사람도 슬픔과 외로움과 절망을 겪어 알고 있다.
4. 나와 똑같이 그 사람도 자기의 욕구를 충족시키려 하고 있다.
5. 나와 똑같이 그 사람도 삶에 대해 배우고 있다.

세상에 자비심을 키우는 연습입니다. 이 연습은 언제 어느 곳에서나 모르는 사람에게도 할 수 있고, 나를 불편하게 하는 사람에 대해서도 할 수 있습니다.

— Avatar 프로그램 1부 중에서

이 문장에 숨어있는 글이 있죠. 나와 똑 같이 이 사람도 (정말 나와는 다른 방법으로) 자기 삶에서 행복을 찾고 있습니다. 달라도 너무 달라서 싫죠. 잘 생각해 보세요. 다른 사람이라고 규정되어 있고, 나와 다르다는 것을 압니다. 사실은 나와 완전히 달라야 맞는 것이지요.

좌절을 쉽게 극복하기

어떤 일로 절망적일 때가 있습니다. 작은 일이라도 뜻대로 안 됐을 때, 어떻게 해쳐나갈 지 깜깜합니다. 그럴 때에는 매일 다섯 사람에게 칭찬을 합니다. 집 주변에서 만난 이웃에게, 택배기사에게, 누구에게라도 좋은 기운을 보냅니다. '오늘 참 좋아 보이시네요' '멋지게 입으셨네요' '인상이 참 좋으세요' '젊어보이시네요' … 연습을 자꾸 해 보세요. 타인을 기분 좋게 하는 행동은 운을 불러 옵니다. 평소에 입버릇처럼 칭찬하는 습관이 몸에 배어 있다면 당신은 절망에 빠지는 일이 줄고, 삶에 축복이 오고 모든 일이 순조로워질 것입니다.

― Avatar 상위 프로그램 연습 중에서

HA호흡법

손은 엄지와 검지를 붙여 양손 고리를 만들고 척추를 곧게 펴고 앉는다.
1. 7까지 세면서, 숨(신성한 에너지)을 들이쉰다.
2. 호흡을 멈추고 7까지 센다.
3. 숨을 내쉬면서 7까지 센다.
4. 숨을 멈추고 7까지 센다.

여기까지를 한 라운드로 보고, 7라운드를 한다. 위 연습은 몸을 유지시키는데 필요한 에너지를 고갈되지 않게 한다.

— Hooponopono의 실천법에서

몸과 나를 분리하기

 이 몸이 나의 생각을 담고 있는 것은 맞습니다. 감정도 담고 있습니다. 그 상황에서 화를 낼 것도 아닌데 어느 때는 불쑥 치솟습니다. 이 몸이 그러듯이 다른 사람도 마찬가지입니다.

 저 분이 말하는 것이 아니라, 저 분 안에 들어있는 정보가 말하는 것입니다. 내가 말하는 것이 아니라 내 안의 정보가 말합니다. 여러분은 문제가 아닙니다. 문제는 기억(정보)입니다.

 다른 사람과 충돌할 때 '저 사람이 말하는 것이 아니라, 저 사람에게 들어있는 정보가 말한다'라고 몸과 정보가 분리되도록 알아차립니다.

— Hooponopono 휴렌 박사의 강의 중

송희 명상에세이
내 마음과 연애하라

초판1쇄발행 _ 2024년 1월 30일

지은이 _ 송 희

발행인 _ 서정환
발행처 _ 인간과문학사
주소 _ 03132 서울특별시 종로구 삼일대로 30길 21
　　　　종로오피스텔 809호
전화 _ (02) 3675-3885, (063) 275-4000, 팩스 _ (063) 274-3131
이메일 _ sina321@hanmail.net
출판등록 _ 제300-2013-10호
제작·인쇄 _ 신아출판사

값 15,000원

저작권자 ⓒ 2024 송희
서면에 의한 저자와 출판사의 허락없이 작품의 일부를 인용, 발췌하는 것을 금합니다.
이 책은 2023년도 전라북도문화관광재단 지역문화예술육성지원사업의 지원을 받았습니다.

ISBN　979-11-6084-231-9　03810